Les Voyages

de

Giovanni Verrazano

SUR LES CÔTES D'AMÉRIQUE

AVEC DES MARINS NORMANDS, POUR LE COMPTE DU ROI DE FRANCE

EN 1524-1528

Par M. GABRIEL GRAVIER

ROUEN

IMPRIMERIE E. CAGNIARD (Léon GY, Succr)

Rues Jeanne-Darc, 88, et des Basnage, 5

—

1898

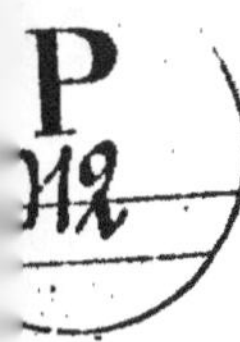

LES VOYAGES DE GIOVANNI VERRAZANO

SUR LES CÔTF D'AMÉRIQUE

EXTRAIT DU BULLETIN DE LA SOCIÉTÉ NORMANDE DE GÉOGRAPHIE

(4ᵉ CAHIER DE 1898)

Les Voyages

de

Giovanni Verrazano

SUR LES CÔTES D'AMÉRIQUE

AVEC DES MARINS NORMANDS, POUR LE COMPTE DU ROI DE FRANCE

EN 1524-1528

Par M. GABRIEL GRAVIER

ROUEN

IMPRIMERIE E. CAGNIARD (Léon GY, Succr)

Rues Jeanne-Darc, 88, et des Basnage, 5

—

1898

I › VOYAGES DE GIOVANNI VERRAZANO

SUR LES CÔTES D'AMÉRIQUE

AVEC DES MARINS NORMANDS, POUR LE COMPTE DU ROI DE FRANCE,

EN 1524-1528

IOVANNI da Verrazano est né vers 1485, à Val di Greve, près de Florence, de Pietro Andrea da Verrazano et de Fiammetta Capelli. Cette famille, qui était déjà distinguée au xve siècle, ne s'est éteinte qu'en 1819, à Florence, dans la personne du chevalier Andrea da Verrazano.

Desmarquets dit que Jean Vérassen a fait en 1508, avec Thomas Aubert, le voyage de Terre-Neuve.

La preuve de ce voyage de Verrazano ne peut plus être faite. Mais l'auteur des *Mémoires chronologiques* était honnête homme; il a eu dans les mains des documents aujourd'hui perdus, et la présence du jeune Verrazano sur la flotte d'Aubert n'ajoute rien à la gloire maritime de Dieppe : une supposition, qui aurait été sans cause et sans objet, paraît bien improbable.

Dans la suite, Verrazano a séjourné au Caire et en Syrie [1].

Observateur, audacieux, habile marin [2], bon cosmographe, il envia les lauriers des *descubridores*. Le brillant exploit de Magellan provoqua ses méditations, stimula son désir de faire quelque glorieuse découverte. Il relit ses auteurs, il calcule et trouve qu'il doit y avoir, au nord comme au sud, un détroit mettant en communication l'Atlantique avec la mer du Cathay ou de Chine. Il expose ainsi au roi François Ier le but qu'il poursuivait : « Mon intention était de parvenir au Cathay, à l'extrême
» orient de l'Asie. Je pensais bien trouver l'obstacle des
» terres neuves, mais je pensais trouver aussi quelque
» détroit, car, selon l'opinion de tous les anciens, notre
» Océan et l'Océan oriental sont un même océan, sans
» interposition d'aucune terre [3] ».

[1] PIERRE MARGRY, *Les Navigations françaises et la révolution maritime du XIVe au XVIe siècle*; Paris, Tross, 1867, pp. 205 et seq. — B. F. DE COSTA, *Verrazano the Explorer*; New York, 1881, p. 5. — DESMARQUETS, *Mémoires chronologiques pour servir à l'histoire de Dieppe*; Paris, 1785, t. I, p. 100.

[2] RAMUSIO, *Discorso sopra la terra ferma dell' Indie occidentali Dette del Lavorador, de los Bacchalaos e della nuova Francia*. In *Navigationi*, Venetia, 1606, t. III, f° 438 B.

[3] Partie cosmographique de la lettre du 8 juillet 1524, écrite de

François Iᵉʳ, qui prétendait avoir part dans les
richesses du Nouveau Monde, accueillit ses propositions
et lui donna quatre navires. Par lettre du 8 juillet 1524,
écrite à bord de la *Dauphine*, dans le port de Dieppe,
Verrazano fit au roi le récit de son exploration sur les côtes
de l'Amérique du Nord. Pendant trois siècles et demi,
cette lettre a été tenue pour parole d'Évangile.

En 1772, l'abbé Prevost disait : « Il est fort glorieux
» à l'Italie que les trois puissances qui partagent aujour-
» d'hui presque toute l'Amérique doivent leurs premières
» découvertes à des Italiens : les Castillans à un Génois
» (Christophe Colomb), les Anglais à des Vénitiens (Jean
» Cabot et ses fils). et les Français à un Florentin
» (Verazzani) [1] ».

En 1836, l'illustre Alexandre de Humboldt plaçait le
nom de Verrazano à côté de ceux de Sébastien Cabot, de
Cortereal, de Ponce de Léon, de Aillon et des autres
découvreurs de l'Amérique du Nord. Il a même invoqué
son autorité pour la détermination de la couleur des
Américains [2].

En 1868, M. Henry Major [3], le savant directeur de

Dieppe, par Giovanni Verrazano, à François Iᵉʳ, et publiée pour la
première fois par P. MARGRY, *op. cit.*, p. 211, note.

[1] *Hist. gén. des Voyages*, in-4°, 1772, t. XIX, p. 21. Les mots
mis entre parenthèses sont en notes.

[2] A. DE HUMBOLDT, *Examen critique de la Géographie du
Nouveau Continent;* Paris, 1836-1839, t. IV, p. 16; t. V, p. 37,
note.

[3] HENRY MAJOR, *The life of Prince Henry of Portugal,*

la section de Géographie au Musée Britannique, répétait
les paroles de l'abbé Prevost.

En 1875, M. Henry Murphy, de New-York, a publié
contre Verrazano un beau volume ; bien que tiré à petit
nombre et non mis dans le commerce, ce volume a fait
beaucoup de bruit. Les historiens-géographes, touchés
au vif, ont relevé le gant. D'aucuns pensent que les
savants ont bien du temps à perdre. D'autres estiment
que la gloire n'est pas chose indifférente et vaine, qu'elle
est l'âme de l'humanité, le phare qui signale un peuple,
une race, un siècle, à l'estime, au respect, à l'admiration
des autres peuples et de la postérité : *Trahit sua quemque
voluptas*.

M. Murphy a voulu prouver que Verrazano était un
corsaire ; qu'au temps indiqué pour son premier voyage il
piratait, sous le nom de Giovanni Florin, sur les côtes
d'Espagne et de Portugal ; qu'à l'époque de son second
voyage il était, depuis plusieurs mois, chez les morts ;
que la carte de son frère Hieronimo Verrazano, de 1529,
a été copiée sur celle de Ribeiro de 1527 ; que la lettre
publiée par Ramusio est une amplification de celle de
Fernando Carli, laquelle est une mystification.

M. Murphy identifiait ainsi le corsaire Giovanni
Florin avec l'explorateur Giovanni Verrazano [1].

surnamed the Navigator; London, A. Asher, 1868, chap. xvii,
p. 309.

[1] Henry C. Murphy, *The Voyage of Verrazzano : a Chapter
in the Early History of Maritime Discovery in America;* New-
York, 1875.

Le R. Benjamin de Costa[1] et notre ami M. Cornelio Desimoni[2] ont combattu savamment, avec conviction, pied à pied, les arguments de M. Murphy. Ils ont très bien prouvé la correction du récit du voyage de 1524, l'existence de Verrazano en 1526, l'originalité de la carte de Hieronimo Verrazano; mais ils n'ont pas pu prouver que Florin n'était pas Verrazano. A vrai dire, l'argument fondamental de M. Murphy subsistait et le doute profitait à sa thèse.

Depuis, MM. Luigi Hugues et Prospero Peragallo[3] ont fait, aux archives de Simancas et de la Torre do Tombo, des recherches qui ont mis à jour des documents inédits, et ces documents, comparés entre eux et avec d'autres trouvés dans les archives du Parlement de Normandie[4], établissent que le corsaire Giovanni Florin n'est pas le découvreur Giovanni Verrazano.

Voici, pour 1523 et 1524, le dossier de chacun de ces deux marins :

[1] Articles publiés dans *The Magazine of American History* et réunis sous le titre : *Verrazano the Explorer*; New-York, 1881.

[2] CORNELIO DESIMONI, *Intorno al Fiorentino Giovanni Verrazzano scopritore in nome della Francia de regioni nell' America settentrionale*; studio secondo; Genova, 1881.

[3] PROSPERO PERAGALLO, *Intorno alla supposta identità di Giovanni Verrazzano col corsare frances Giovanni Florin*, in *Memorie della Società Geografica Italiana*; vol. III, part. prima; Roma, 1897, pp. 165 et seq.

[4] Nous avons communiqué à MM. Henry Harrisse, de Costa et Desimoni les pièces tirées des archives du Parlement de Normandie.

GIOVANNI FLORIN

En 1523, Giovanni Florin a capturé un navire portugais qui revenait des Indes avec un chargement évalué à 180 000 ducats [1].

En mars 1524, Johanes Florin, capitaine d'une flotte de Jean Ango, s'est emparé, sur la route des Canaries, d'un navire chargé de diverses marchandises et appartenant à Vicente Fernando [2].

En août 1524, Johanes Florin, capitaine d'une flotte d'Ango, capture et pille, au cap Saint-Vincent, plusieurs navires appartenant à Fernando Vallascie [3].

En septembre 1524, Johanes Florin, capitaine

GIOVANNI VERRAZANO

Par lettres des 27 mars et 23 avril 1523, João da Silveira, ambassadeur de Portugal, qui avait l'œil ouvert sur nos armements maritimes, écrit à son souverain que *Maestro João Verazano vae descobrir o Cataio.* « Mais », ajoute-t-il, « on ignore encore la date de son départ à cause de différends, je crois, entre lui et ses hommes ».

« Vers le même temps,
» dom João III fut informé
» par quelques Portugais,
» qui trafiquaient en Fran-
» ce, qu'un certain *João*
» *Varezano, florentin de*
» *nation,* s'offrait au roi
» François pour découvrir

---

1 Luigi Hugues, *Giovanni Verrazzano,* in *Raccolta Colomb;* vol. II, part. V, Roma, 1894.

2 *Requisitorie dell doz. Giorgio Nunes a carico di Giovanni Florin, corsaro francese.* — *Requisitoria* no 8, analysée par Peragallo, *op. cit.,* p. 186.

3 *Requisitoria* no 8, in Peragallo, *op. cit.,* p. 186.

d'une flotte d'Ango, pille et coule à fond, aux îles du cap Vert, un navire commandé par Johanes Viegas [1].

» en Orient des royaumes » que les Portugais n'ont » pas vus, et que dans les » ports de Normandie des » armadas se préparent, avec » l'appui ouvert des amiraux des côtes de France » et l'appui dissimulé du roi » François, pour aller occuper la terre de Sainte-Croix, appelée Brésil. Il » paraîtra nécessaire au roi » de secourir ce pays avec » toute la rapidité possible » et de donner des ordres » en conséquence à João da » Silveira, son ambassadeur » en France » [2].

L'ambassadeur da Silveira et les négociants portugais qui habitaient en France connaissaient sans doute le corsaire Florin et le découvreur Verrazano, qu'ils pou-

---

[1] *Requisitoria* nº *3*, in PERAGALLO, *op. cit.*, p. 186.

[2] FRANCISCO D'ANDRADA : *Cronica de muyto alto, e muyto poderoso rey destes regnos de Portugal Dom João o III deste nome*; Coïmbra, 1796. Prim. part. cap. XIII, p. 41. — PERAGALLO, *op. cit.*, p. 170. — B. DE COSTA, *op. cit.*, p. 25. — MURPHY, *op. cit.*, pp. 162 et seq., donne une traduction de la lettre de João da Silveira, du 25 avril 1523, au roi dom João III.

vaient voir, de temps en temps, à Dieppe et à Rouen ; pour cela, ils se gardent bien de les confondre.

Les pièces qui viennent d'être citées montrent que Florin n'a pu faire le voyage de 1524. Ce voyage a eu lieu pourtant, mais sous la conduite de Verrazano.

Le 8 juillet 1524, ce marin écrit à François Ier qu'il a quitté Dieppe en 1523, pour le voyage de découverte qu'il lui a commandé ; qu'une tempête l'a séparé de deux de ses navires ; qu'il s'est réfugié, avec les deux autres qui lui restaient, pour les réparer, dans un port de Bretagne ; qu'il est définitivement parti, le 17 janvier 1524, avec un seul navire, *la Dauphine*, d'un rocher désert voisin de l'île de Madére [1].

Cette lettre a été écrite en français, même en mauvais français [2], ce qui explique les différences qui existent entre les traductions italienne de Ramusio, anglaise de Hakluyt, espagnoles de Taxandra [3] et de Herrera, car rien ne prouve que ce dernier ait fait usage de la version de Ramusio.

Le 24 août 1524, Fernando Carli se trouvait à Lyon, où l'on attendait le roi. Il informa son père, comme d'une

[1] Ramusio, *Al christianissimo re di Francia Francesco primo, Relatione di Giovanni da Verazzano Fiorentino della terra per lui scoperta in nome di sua Maestà, scritta in Dieppa, adi 8. Luglio M. D. XXIIII*, in *Navigationi*, t. III, f° 350 A B.

[2] *Bibliotheca Americana* inédite de l'Espagnol Alcedo, citée par B. de Costa.

[3] Taxandra, *Description del nuevo Orbe « Epitome »*, édit. de 1738, p. 171.

nouvelle qui devait intéresser tout Florence, de l'heureux retour à Dieppe de Giovanni Verrazano. Il joignait à sa lettre une copie de celle que le découvreur adressait à François Iᵉʳ.

Ces lettres, prêtées, copiées, recopiées, ont fini par arriver à la Magliabecchiana de Florence [1].

La version de Ramusio a été publiée, pour la première fois, dans le tome III des *Navigationi,* en 1556.

A cette époque, beaucoup de Florentins connaissaient les familles Verrazano et Carli; tous les contemporains de Giovanni et de Fernando n'étaient pas morts. Une supercherie aurait causé un scandale énorme.

Ramusio, savant distingué, homme de caractère très respectable, « excellent critique et généralement soigneux » dans la recherche de la date des découvertes » [2], a-t-il pu prendre pour authentique un document apocryphe? Non. Dans son discours sur la découverte du Labrador, des Bacchalaos et de la Nouvelle-France, il dit : « En » l'an 1524, un grand capitaine du roi très chrétien, » François, nommé Giovanni da Verrazzano, florentin, » a navigué le long de ladite terre. Il a parcouru toute la » côte jusqu'à la Floride, comme on le voit spécialement » par sa lettre au dit roi. *Nous n'avons pu avoir que cette* » *lettre, les autres se sont perdues dans les troubles de* » *la pauvre cité de Florence.* Dans le dernier voyage

---

1 George Washington Greene, *Historical studio,* in *North American Review,* nᵒ 97, p. 293, cité par Murphy et Francis Parkman.
2 A. de Humboldt, *op. cit.,* t. IV, p. 149.

» qu'il fit, il voulut descendre à terre avec quelques com-
» pagnons; tous furent mis à mort par les sauvages. En
» vue de ceux qui étaient restés dans le navire, ils furent
» rôtis et mangés. Quelle fin malheureuse eut ce vaillant
» gentilhomme! Sans cette disgrâce, avec son savoir, la
» grande intelligence qu'il avait des choses de la mer et
» de l'art de la navigation, et la faveur de l'immense libé-
» ralité du roi François, il aurait découvert et fait con-
» naître toute cette partie de la terre jusqu'au Pôle. Il ne
» se serait pas contenté des côtes, il aurait voulu pénétrer
» dans les terres jusqu'où il aurait pu aller. *Beaucoup*
» *qui l'ont connu et lui ont parlé m'ont dit* qu'il avait
» dans l'esprit de s'efforcer de persuader au roi très chrétien
» d'envoyer dans ce pays, pour l'habiter, bon nombre de
» gens... Finalement, avec le temps, il aurait découvert
» l'intérieur des terres, vu, au milieu de tant d'îles qui s'y
» trouvent, s'il n'y a aucun passage à la mer du Sud, ou
» si la terre ferme de la Floride de l'Inde Occidentale
» s'étend jusque sous le Pôle »[1].

Ce passage de Ramusio laisse peu de place au doute. Hakluyt et Herrera, auteurs graves, estimés, le confirment, et La Popelinière, qui était bon juge, le résume dans son *Histoire des trois Mondes*[2].

Nous avons d'autres témoignages non moins précieux.

Il y avait à Dieppe un homme bien placé pour savoir ce

[1] Ramusio, *Discorso sopra la terra ferma dell' Indie... op.*, *cit.*, t. III, f° 438 A B.

[2] La Popelinière, *Histoire des trois Mondes*, Paris, 1582, liv. II, p. 47.

qui en était du voyage de Verrazano : Jean Parmentier, capitaine au service de Jean Ango.

Dans la relation de son voyage à Sumatra, en 1529, il dit, au chapitre de la Norumbègue : « En allant au-delà » du cap des Bretons, se trouve une terre contiguë dont la » côte s'étend à l'ouest et un quart sud-ouest jusqu'à la » Floride, sur une longueur d'environ 500 lieues. *Cette* » *côte fut découverte, il y cinq ans* [1] *par Messire* » *Giovanni Verrazzano, au nom du roi François et de* » *madame la régente, et la contrée est appelée Fran-* » *ciscane, même par les Portugais* » [2].

André Thevet dit que Jehan Verazze est parti de Dieppe le 17 mars, par l'ordre de François Ier, qu'il a parcouru toute la côte de la Floride et qu'il a été tué par les barbares de cette contrée.

M. Murphy rappelle, avec plaisir, les critiques exagérées du président de Thou. Thevet [3] ne méritait pas tant

---

[1] Ramusio dit 15 ans. C'est une erreur. Il suppose à tort que le voyage de Parmentier a eu lieu en 1539. Ce capitaine est parti de Dieppe le 28 mars 1529, ainsi qu'il résulte du journal de bord, découvert et publié par Estancelin (*Recherches sur les Voyages et découvertes des Normands.* Paris, 1832, p. 241).

[2] Ramusio, *Discorso d'un Gran Capitano di mare francese dell luogo di Dieppa,* in *Navigationi,* t. III, f° 335 A. — Estancelin, *op. cit.,* p. 241. — Pierre Margry, *Journal d'une navigation des Dieppois dans les mers orientales, sous François Ier* (1529-1530), in *Bulletin de la Société normande de Géographie,* 1883, pp. 168 et seq.

[3] André Thevet, *Les Singularitez de la France antarctique.* *Notice biographique* par Paul Gaffarel ; Paris, Maisonneuve, 1878.

de mépris. Il était crédule, mais sa crédulité n'a rien à voir ici.

Son ami Jacques Cartier a continué, par le commandement de François Ier, les découvertes du pilote florentin. Il connaissait ces découvertes et, sûrement, il en avait la carte. Aussi fit-il voile droit sur Terre-Neuve et commença-t-il son exploration juste à l'endroit où Verrazano avait fini la sienne[1]. En racontant au bon moine ses voyages de 1534 et de 1535, il lui dit quelques mots de son précurseur. Thevet les rendit incorrectement. Néanmoins, son témoignage a son prix puisqu'il reflète celui de Jacques Cartier[2].

Antonio de Herrera, qui jouit d'une grande autorité, reproduit, sans émettre aucun doute, le récit du voyage de 1524[3]. Ainsi fait Richard Hakluyt[4].

M. Murphy observe que Jean Alphonse ne cite pas Verrazano. Il a raison. Mais Jean Alfonse fait à Verrazano des emprunts ; il connaissait donc, il tenait donc

[1] *Relation originale du voyage de Jacques Cartier au Canada, en 1534,* publiée par MICHELANT et RAMÉ. Paris, Tross, 1867, p. 2.

[2] ANDRÉ THEVET, *Cosmographie universelle,* f⁰ 1002 B.

[3] ANT. DE HERRERA, *Historia general de los hechos de los Castellanos en las Islas i Tierra firme del mar oceano ;* Madrid, 1601-1615, dec. III, lib. IV, cap. IX.

[4] HAKLUYT, *The relation of John Verrazzano a Florentine of the land by him discovered in the name of his Maiestie. Written in Dieppe the eight of July 1524,* in *Voyages, Navigations,* etc. London, 1600, t. III, p. 295. — La traduction anglaise de la lettre de Verrazano a été publiée pour la première fois en 1582, et pour la seconde fois dans la grande collection de Voyages parue de 1598 à 1600.

pour authentique et digne de foi la lettre du 8 juillet 1524[1].

Marc Lescarbot, homme instruit et consciencieux, qui vécut dans l'Acadie, maintenant Nouvelle-Ecosse, raconte tout au long, comme chose indiscutée, le voyage de 1524[2].

Jean Ribaut est né au commencement du xvie siècle. En 1524, il avait une vingtaine d'années. Il a vu, en dieppois et en marin, le départ et le retour de Verrazano. Pareil événement, à pareille époque, était marqué d'une croix dans la vie d'un jeune officier de marine. Or, Ribaut s'exprime ainsi :

« Celle » (terre) « qui est vers le pole Arctique ou sep-
» tentrion est nommée la Nouvelle France, pour autant
» que l'an mil cinq cent vingt-quatre, Jean Verrazano
» Florentin fut envoyé par le roy François premier et par
: madame la régente sa mère aux terres neuves, ausquelles
» il prit terre et descouvrit toute la coste qui est depuis
» le tropique du Cancer, à sçavoir depuis le vingt-
» huitiesme degré jusques au cinquantiesme : et encore
» plus devers le north. Il planta en ce païs les enseignes
» et armoiries du roy de France; de sorte que les Espagnols
» mesmes qui y furent depuis ont nommé ce païs terre
» Francesque »[3].

---

1 B. DE COSTA, *op. cit.*, pp. 14 et seq.

2 MARC LESCARBOT, *Hist. de la Nouvelle France*, édit. de Tross, 1866, pp. 29 et seq.

3 *L'Histoire notable de la Floride... mise en lumière par* M. BASANIER. Paris, Guillaume Auvray, 1586; édit. Jannet. Paris, 1853, p. 2.

Hieronimo Verrazano a dressé un planisphère auquel on peut donner, d'après l'une de ses légendes, la date de 1529.

M. Murphy le discute longuement. MM. de Costa et Desimoni réfutent M. Murphy, article par article, et, il semble, avec assez de bonheur.

Nous présenterons seulement quelques observations.

En 1526, Hieronimo était à Rouen, avec son frère, et s'occupait de sa carte. Il est bien certain que Giovanni lui a communiqué son journal, ses notes et ses croquis.

Dans la partie supérieure de cette carte on lit : Hieronimus de Verrazano Faciebat. Sous les mots *Nova Gallia sive Iucatania* se trouve cette légende : *Verraʒana seu Gallia nova quale discopri 5 anni fa Giovanni di Verraʒano fiorentino per ordine e commendamento del Cristianissimo Re di Francia.* « Verrazanie ou France nouvelle qui fut découverte, il y a 5 ans, par Giovanni Verrazano, florentin, par ordre et commandement du très chrétien roi de France ».

Parmi les noms de lieu on relève ceux de *Dieppa, Lungavilla, Normanvilla, Sangermano, Angolesme, Vendomo, Navarra, C. de San Luis, Orlean, Bonivetto, C. de Bretton, Loisa,* qui marquent un attachement à Dieppe, à François Ier, à Louise de Savoie, à l'amiral de Bonnivet, le chef, peut-être le protecteur de Giovanni.

Le globe de Ulpius, de 1542, reproduit, en grande partie, la nomenclature et le tracé de la mappe de Hieronimo Verrazano. Il porte en outre cette légende :

Verraçana sive nova Gallia a Verraçano florentino comperta anno sal. M. D. « Verrazanie ou Nouvelle France, découverte par Verrazano, florentin, l'an du salut 1500 ».

M. Murphy objecte que Hieronimo s'est inspiré de la mappe faite, en 1527, par Ribeiro, pour le voyage de Gomez de 1525. Un emprunt à la carte de Ribeiro n'infirmerait ni la valeur ni l'exactitude de celle de Hieronimo. Cependant il n'en est rien. La dissemblance de la nomenclature et du tracé accuse une double origine; comme le démontre M. de Costa, Hieronimo n'a fait usage, pour le nord de l'Amérique, que des papiers de Giovanni.

Enfin, et cela paraît décisif, Giovanni a porté à Henry VIII, roi de la Grande-Bretagne, une copie sur parchemin de la carte de son frère. A quelle époque a-t-il fait ce voyage? Au plus tard en 1527, puisqu'il est parti, au commencement de 1528, pour sa dernière expédition.

Une seconde copie est conservée au musée Borgiano, collège romain de la Propagande, et M. Murphy en a publié une photographie.

Beaucoup de cartographes, et non des moins habiles, ont fait usage de la mappe de Hieronimo Verrazano.

Ces preuves nous permettent d'affirmer que Giovanni a découvert, en 1524, avec un équipage dieppois, les côtes de l'Amérique du Nord.

Nous allons néanmoins continuer le parallèle entre Florin et Verrazzano, car il importe surtout de bien démontrer que Florin n'est pas Verrazano.

GIOVANNI FLORIN	GIOVANNI VERRAZANO

GIOVANNI FLORIN

Au mois d'avril 1525, Johanem Florim, commandant une flotte d'Ango, captura un navire qui faisait route pour San Lucar de Barrameda, près de Cadix [1].

En août 1525, Johanes Florim pille un navire portugais, entre Faro et Tavira, ports de l'Algarve [2].

En 1526, Johanem Florim est sur les côtes de Portugal. Au mois d'avril, il y capture, à vingt lieues de Tavira, un navire por-

GIOVANNI VERRAZANO

En 1525, à la fin de septembre, « Messire Jehan de Verrassane », sous le coup d'une clameur de haro interjetée par Guillaume Eynault, dit Cornette, de Dieppe, se fait cautionner par honorable homme Zenobis de Rousselay, bourgeois marchand, demeurant à Rouen [3].

Par contrat postérieur à 1525, Philippe de Chabot, amiral de France et de Bretagne, Guillaume Preudhomme, général de

---

1 *Requisitoria* n° 17, in PERAGALLO, *op. cit.*, p. 188.
2 *Requisitoria* n° 8, in PERAGALLO, *op. cit.*, p. 188.
3 *Archives du Parlement de Normandie.* Communication de E. Gosselin.

tugais. En mai, il s'empare d'un navire qui faisait route pour les Canaries [1].

Normandie, Pierre d'Espinolles, Jehan Ango, Jacques Boursier et *messire Jehan de Varesam*, souscrivent vingt mille livres pour l'envoi aux Indes, sous le commandement de Varesam, de deux gallions appartenant à l'amiral et d'une nef appartenant à Ango [2].

Le vendredi 11 mai 1526, « noble homme Jehan » Varrassenne, capitaine » des navires esquippez » pour un voiage des Indes, » lequel fist, nomma, » ordonna, constitua et » estably son procureur » général et certains mes- » sagiers especiaulx, cest » assçavoir *Jerosme de* » *Varrassenne, son frere* » *et heritier,* et Zanobis » de Rousselay ».

1 *Requisitoria* n° 8, in Peragallo, *op. cit.*, p. 188.
2 P. Margry, *op. cit.*, pp. 195 et seq. — E. de Fréville, *Mémoire sur le commerce maritime de Rouen*; Rouen, 1857, t. II, p. 442.

Cette pièce est signée
JANUS VERRAZANUS[1].

Le lendemain, 12 mai
1526, « roble homme
» Messire Jehan de Varras-
» senne, capitaine des
» navires esquippez pour
» aller au voiage des
» Indes », donne une procu-
ration à Adam Godefroy,
bourgeois de Rouen[2].

On peut ergoter longuement, toujours, éternellement,
il n'en restera pas moins certain qu'en l'an du Seigneur
1526, Giovanni Florin guerroyait sur les côtes d'Espagne,
tandis que Giovanni Verrazano était à Rouen. Conti-
nuons :

Au mois de juin 1527,
Giovanni Florin prend un
navire qui faisait route pour
les Flandres.

Au mois de septembre, il
en prend un autre qui se
rendait à Lisbonne[3].

[1] *Archives du Parlement de Normandie.* Comm. de M. Ch. de
Beaurepaire.
[2] *Archives du Parlement de Normandie.* Comm. de E. Gosselin.
[3] *Requisitoria* nº 3, in PERAGALLO, *op. cit.*, p. 189.

En septembre ou octobre de la même année, Juan Florin est capturé par des biscayens, conduit à Cadix, de Cadix à Madrid et de Madrid à Colmenar de Arenas, près de Tolède, où il est exécuté en novembre, sur un ordre signé par Charles-Quint, à Lerma, le 13 octobre 1527[1].

Le 24 décembre 1527, plus d'un mois après la mort de Giovanni Florin, João da Silveira, ambassadeur de Portugal, écrivait à son souverain que *Mestre... Verazano* devait partir, en février ou mars, avec cinq navires dont il était l'amiral, pour une rivière du Brésil, où se trouve un fort, *castellano*[2].

Puisque le corsaire Florin est sur les côtes d'Espagne tandis que Verrazano est à Rouen, puisque le premier est mort tandis que le second vit encore, il y avait un Florin et un Verrazano.

Une autre dissemblance existe entre Florin et Verrazano. D'après les *requisitoria* 8 et 17 du docteur Giorgio Nunes, Giovanni Florim avait pour fils et héritier

---

[1] *Letter from the Judge of Cadiz to Charles V, giving the Names of the Principal Persons Captured with Juan Florin, and his Death. Translated from the original in the Archivo general in Simancas Estado : Legajo 13, fo 346. — Letter of the Judge of Cadiz in answer to a Royal Missive, Stating by from Juan Florin was Captured, and his Execution.* Ces deux lettres sont sans date et signées : Licenciado Giles. Murphy, *op. cit.* pp. 167-169.

[2] *Alguns Docum. do Archiv. Nacion. do Torre do Tombo.* La lettre citée a été publiée par M. Luigi Hugues et réimprimée par M. Peragallo, *op. cit.*, p. 190.

Franciscus Florim, qui habitait aux environs du Havre-de-Grâce, tandis que Giovanni Verrazano, comme on l'a vu plus haut, avait pour héritier son frère Hieronimo, ce qui suppose qu'il était sans enfants.

Gonzalez Barcia dit que Verrazano fut corsaire au service de la France. Pourquoi non ? Il était honorable de marcher dans une carrière où Duguay-Trouin, Jean Bart et Surcouf devaient se couvrir de gloire.

Corsaire ou non corsaire, il a, dit Barcia, découvert la Floride jusqu'à la rivière Canada ou Saint-Laurent, et en a informé le roi François Ier par sa lettre du 8 juin (juillet) 1524.

Des auteurs, ajoute-t-il, font mourir Verrazano au moment où il se disposait à revenir en France ; d'autres prétendent qu'il fut mangé par des Sauvages, mais seulement l'année suivante. Si Verrazano n'a pas revu la Floride, il est difficile d'accorder ces auteurs.

La vérité, continue-t-il, est qu'en ce temps-là nos mers étaient infestées par Jean Florentin, pirate français, qui se rendit fameux par la capture, en 1521, d'un navire qui portait, à l'empereur Charles-Quint, de la part de Fernand Cortez, de l'or, de l'argent et autres choses précieuses. Depuis, il a fait subir aux Espagnols de grandes pertes. Cette année, *este año* (1524), il fut pris à son tour, près des Canaries, par quatre navires biscayens, et conduit à Séville avec ses capitaines, tous furent condamnés comme pirates, ennemis publics, et pendus à Puerto del Pico.

Il était bien mal renseigné, car, d'après les pièces authentiques citées plus haut, Florin fut pris en 1527, conduit à Cadix, puis à Madrid, et son exécution eut lieu à Colmenar de Arenas.

M. Murphy dit que Barcia est le premier qui ait identifié Verrazano avec Florin.

Barcia raconte la découverte de Verrazano, puis les exploits de Florin et réunit les deux récits par ce membre de phrase : *La verdad es, que en este tiempo, infestaba nuestros mares, Juan Florentin pirata Frances.*

Cela suffit pour accuser Barcia, auteur consciencieux, exact, d'une erreur grossière? Il distingue très bien *Juan Verrazzano, corsario de Francia,* de *Juan Florentin, pirata Frances,* et rien, dans la suite du discours, ne donne lieu de supposer qu'il voyait dans ces deux marins un seul et même homme. S'il avait eu une certitude, même un doute, il l'aurait dit clairement [1].

Cependant, ce passage de Barcia a dû peser sur M. Luigi Hugues quand il explique ainsi l'identification de Verrazano avec Florin : « Si nous entendons que ce
» nom « Florin » n'est autre qu'une variante de « Flo-
» rentin », et cette hypothèse n'a en soi rien d'étrange ni
» de singulier; si en outre on suppose qu'en France
» Verrazano était surtout connu sous le nom de sa cité
» natale, de sorte qu'on l'appelait simplement *Le Flo-
» rentin,* ainsi qu'il arrive souvent, même aujourd'hui, à
» des personnes connues, non sous leur nom de famille,

[1] GONZALEZ BARCIA. *Ensayo chronologico, para la historia general de la Florida,* Madrid, Oficina, real, 1723, p. 8 (publié sous le pseudonyme de Gabriel de Cardenas).

» mais sous un nom dérivé de celui du lieu de leur nais-
» sance ou de la cité qu'eux ou leurs ancêtres ont habitée,
» on admettra que, peu à peu, naturellement, le nom de
» Florin a pu se substituer à celui de Verrazano, ainsi
» qu'il paraît résulter d'importants documents qui se
» rapportent à ce navigateur » [1].

Ces hypothèses ne peuvent plus être admises. Comme
on l'a vu par les pièces citées, en France, en Espagne et
en Portugal, notre découvreur était connu sous son nom
plus ou moins altéré de Verrazano, tandis qu'en Espagne
et en Portugal, le corsaire était toujours appelé « Florin »,
« Florim » ou « Florentin ».

Florin était un intrépide, habile et heureux corsaire ;
de 1521, au moins, à 1527, il a été la terreur des marins
de la péninsule ibérique. Comment croire que le gou-
vernement espagnol ignorait son nom et qu'il l'a pris,
condamné, exécuté sous un nom de guerre, alors surtout
qu'il connaissait très bien les noms, prénoms et familles
de ses officiers ?

Ce n'était d'ailleurs pas la première fois qu'un homme
était chargé des faits et gestes d'un autre homme. On en
peut trouver un exemple sans remonter à l'antiquité.

Sous le règne de Louis XI, un cadet de Gascogne,
nommé Guillaume de Casenove, était vice-amiral de Normandie. Il était surnommé Colon, Coulon, Coulompt ou

---

[1] Luigi Hugues, *Sulla identità del fiorentino Giovanni de Verrazzano con Giovanni Florin* ; broch. de 6 p. Casale, 1897, pp. 2, 3.

Coullon, mots qui, dans la vieille langue française, signifiaient « pigeon » [1]. Les Italiens ont traduit par *Colombo*, les latinistes par *Colombus* le surnom du vice-amiral de Normandie.

Le 1er octobre 1474, l'amiral Cazenove a capturé, à la hauteur du port de Vivero en Galice, deux galéasses appartenant à Ferdinand, roi de Sicile. Cet exploit et bien d'autres avaient fait de lui le marin le plus célèbre de son temps.

De ce qu'il avait le surnom de Colon, Fernand Colomb le prit pour l'un de ses parents et dit bravement : *la famiglia de' Colombi non era tanto oscura como egli* (Giustiniani) *diceva.* Le père, qui sans doute pensait comme le fils, avait écrit à la nourrice de don Juan de Castille : *Io non sono il primo ammiraglio della mia famiglia.*

Plus tard Liebniz accola au surnom de Cazenove le prénom de *Christophorus.* Prévenu de son erreur, il la rectifie. Vainement. Guillaume de Cazenove reste *Christophorus Colombus* et l'on attribue, au découvreur de l'Amérique, plusieurs de ses exploits, notamment sa capture de 1474 [2].

[1] La Curne de Sainte-Palaye, *Dictionnaire de l'ancien langage françois,* verbo *Colomb.*

[2] *Historie del signor don Fernando Colombo :* Milano, 1619, pp. 12, 19. — Henry Harrisse, *Les Colombo de France et d'Italie, fameux marins du xve siècle* ; Paris, Tross, 1874. — Washington Irving, *A history of the life and voyage of Christopher Columbus* ; Paris, Galignani, 1828, Book I, chap. II.

Un montagnais, sauvage du Canada, assistant à des litanies, entendait, après chaque verset, le répons : *Ora pro nobis*. Il comprenait *carocana ouabis*, ce qui signifiait dans sa langue : *de la galette*. Il se demandait, étonné, ahuri, comment des gens, qui paraissaient jouir de leur bon sens, pouvaient ainsi crier à leur Dieu, sans relâche, une heure durant : *de la galette ! de la galette !*

Jadis on écrivait les noms comme on les entendait et cela produisait des méprises comme celle du Montagnais. Les noms, même les plus illustres, subissaient des transformations invraisemblables.

Ainsi, celui d'Amerigo Vespucci est écrit Améric Vespuce, Albericus, Albericus Vesputius, Amerigo Vespuche, Amerrigo, Amerigo de Espuche, Vispuche, Despuchy, Vespuchi, Morigo, Morigo Vespuche [1].

Christophe Colomb était nommé Colombo, Colombus, Colon, Colom, Colomo et, ce qui est une perle germanique, *Christoffel Dawber*, c'est-à-dire « Christophe Pigeon Mâle » [2].

Comment s'étonner, après cela, que de Verrazano on ait fait Verrazzano, Verrazanus, Verrasane, Varassenne, Verazano, Verazze, Varesam ? Il n'y a pas plus loin de

---

[1] A. DE HUMBOLDT, *op. cit.* ; t. IV, pp. 48, 49, 75, 188.

[2] JOBST RUCHAMER, *Unbekanthe landte und ein neive Weldte in Kurtz versanger zeythe erfunden*, édit. de Nuremberg, 1508, cap. 84 (cité par A. DE HUMBOLDT, *op. cit.*, t. III, pp. 389, 391), donne constamment en allemand, à Chistophe Colomb, le nom de *Christofel Dawber*.

Verrazano à *Varesam* que d'Amerigo Vespucci à *Morigo Vespuche* ou de Colombo à *Pigeon Mâle*.

Comme nous l'avons dit, dom João da Silveira a écrit à son souverain, le 24 décembre 1527, que Verrazano devait partir en février ou mars 1528, avec cinq navires, pour une rivière du Brésil.

Ce voyage, préparé de longue main, avait aussi pour but secret la découverte d'un passage au Cathay qui préoccupait si vivement la France, l'Angleterre et les cosmographes. C'est en vue de la découverte de ce passage que Verrazano a porté au roi d'Angleterre une copie de la carte de son frère. On n'a d'ailleurs sur ce voyage que les brefs renseignements recueillis par Ramusio et cités plus haut.

D'après la tradition, Verrazano aurait été pris et mangé par les Sauvages du cap Breton. C'est douteux. Ces Sauvages voyaient depuis longtemps des Normands et des Bretons; Jean Parmentier, qui passait là un an plus tard, dit, dans la relation de son voyage : « Entre le cap Ras » et le cap Breton habitent des peuples rudes et cruels » (*austeri e crudeli*) avec lesquels on ne peut pratiquer » ni converser » [1]. Cela ne veut pas dire qu'ils étaient anthropophages.

Selon Lescarbot, ces peuples ne mangeaient pas leurs ennemis, mais ils leur coupaient la tête et l'emportaient comme trophée [2]. Ainsi faisaient les Gaulois, nos ancêtres,

[1] Ramusio, *Discorso d'un Gran Capitano di Mare francese del luógo di Dieppa*, in *Navigationi*, t. III, fol. 335 a.

[2] Marc Lescarbot, *op. cit.*, p. 38.

les Montagnais et d'autres peuplades de l'Amérique du Nord.

Nos bons amis les Hurons mangeaient le cœur et buvaient le sang des prisonniers, qui les étonnaient par leur courage, et dévoraient, avec une joie frénétique, des morceaux de chair coupés à l'ennemi attaché au poteau du supplice [1].

D'après le P. Gabriel Sagard, les Hurons et les Montagnais engraissaient et mangeaient leurs prisonniers de guerre et en réservaient des morceaux pour les malades. Le bon moine a connu deux femmes qui ont tué et mangé leurs maris. Mais les Hurons et les Montagnais étaient de l'autre côté du golfe, bien loin du cap Breton [2].

Il semble d'ailleurs que si Verrazano avait trouvé la mort sur cette côte, Jean Parmentier en aurait su quelque chose.

Les Floridiens étaient sédentaires, agriculteurs, bonnes gens et ne mangeaient pas de chair humaine.

Mais sur les côtes du Brésil, la merci Dieu ! les anthropophages ne faisaient faute. Certaines peuplades engraissaient leurs prisonniers, « comme des chapons », pour les manger [3].

[1] Nicolas Perrot, *Memoire sur les Mœurs, Coustumes, et Relligion des Sauvages de l'Amérique Septentrionale* ; édit. du P. Tailhan ; Paris, Franck, 1864, pp. 98, 207, 242, 243.

[2] Gabriel Sagard Theodat, *Histoire du Canada*. Paris, Sonnius, 1636, pp. 442, 454, 455, 456, 464, 681-699.

[3] Yves d'Evreux, *Voyage dans le nord du Bresil fait durant les années 1613 et 1614* ; édité par Ferdinand Denis ; Paris, Franck,

Les Cambali, Cambazi ou Caribes, gens de taille colossale, étaient de *gentil disposizione :* ils ne mangeaient que les hommes et conservaient les femmes. Ils allaient chez leurs voisins à la chasse aux esclaves [1].

Ailleurs, les habitants mangeaient leurs ennemis et trouvaient cette nourriture délectable. Un vieux scélérat se vantait à Vespuce d'avoir mangé plus de trois cents hommes.

Dans une cité, où il passa vingt-sept jours, le célèbre pilote a vu exposé, comme à l'étal d'un boucher, des morceaux de chair humaine salée, fumée, ou séchée au soleil. Les indigènes voyaient avec étonnement que les Portugais ne mangeaient pas leurs ennemis et disaient que « la chair humaine est merveilleusement savou- » reuse, suave, délicate et donne de l'appétit » [2].

Selon toute apparence, c'est sur ces côtes inhospitalières du Brésil que Giovanni da Verrazano a perdu la vie.

1864, pp. 46, 53. — JEAN DE LERY, *Hist. d'un voyage faict en la terre du Brésil* ; édit. de PAUL GAFFAREL ; Paris, Lemerre, 1880, t. I, p. 130 ; t. II, pp. 43 et seq. — ANDRÉ THEVET, *Les Singularitez de la France Antarctique;* édit. de PAUL GAFFAREL; Paris, Maisonneuve, 1878, pp. 197 et seq.

[1] *Quatuor Americi Vesputii Navigationes. — De secundariæ navigationis cursu ;* in *Navarrete,* t. III, p. 258. — Lettre à Soderini citée par A. de Humboldt, *op. cit.,* t. IV, p. 207.

[2] *Sommario di Amerigo Vespucci Fiorentino di due sue navigationi al Magnifico M. Pietro Soderini Gonfalonnier della Magnifica Republica di Firenze ;* in RAMUSIO, 3e édit., 1er vol., fol. 131 c.

CONCLUSIONS

Giovanni Florin ne doit pas être confondu avec Giovanni Verrazano.

Tandis qu'il piratait dans les mers d'Espagne et de Portugal, Verrazano était à Rouen ou faisait des voyages de découverte, par ordre du roi de France, avec des marins normands, et donnait, à une partie de l'Amérique du Nord, le beau nom de Nouvelle France.

Florin a été mis à mort, en novembre 1527, à Colmenar de Arenas.

Verrazano a été pris, rôti et mangé par des Sauvages, en 1528, probablement sur les côtes du Brésil.

Il mérite la place d'honneur qu'Alexandre de Humboldt lui attribue parmi les découvreurs de l'Amérique du Nord.

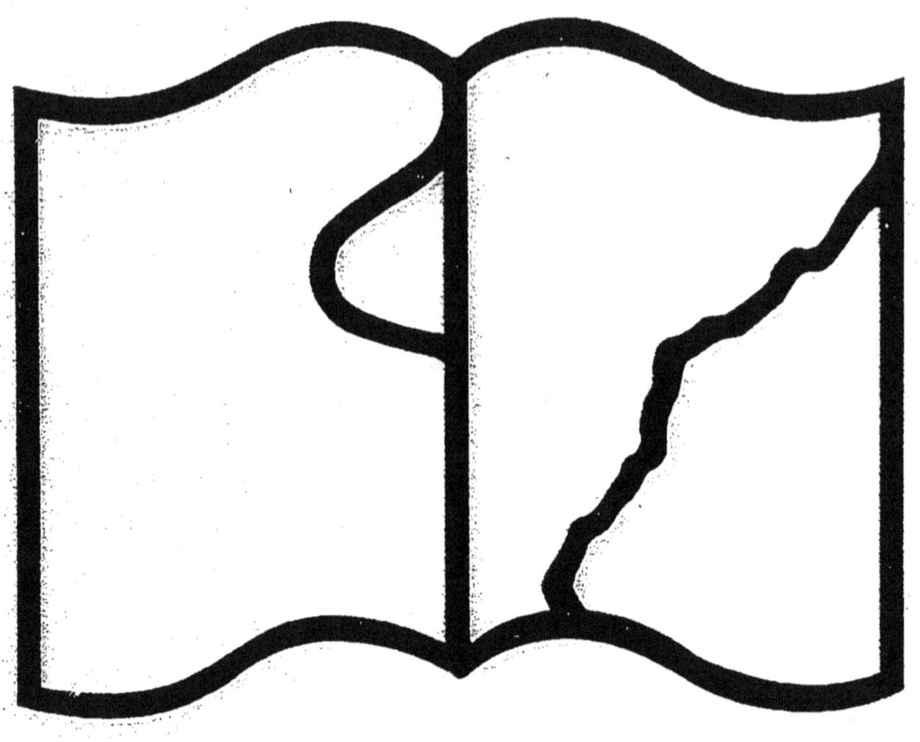

Texte détérioré — reliure défectueuse

NF Z 43-120-11

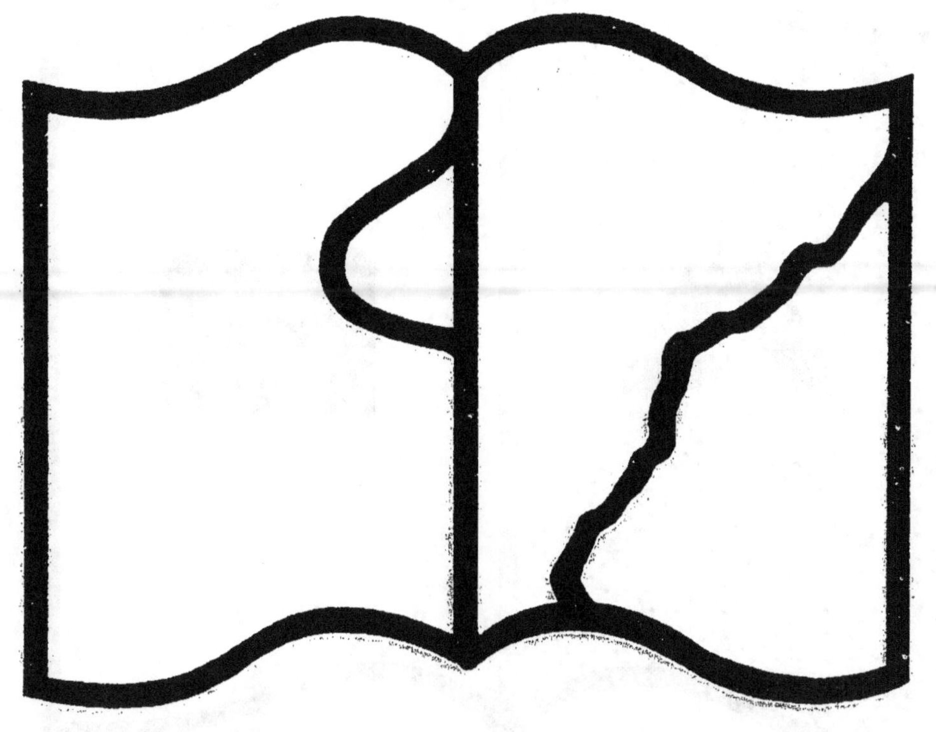

Texte détérioré — reliure défectueuse

NF Z 43-120-11

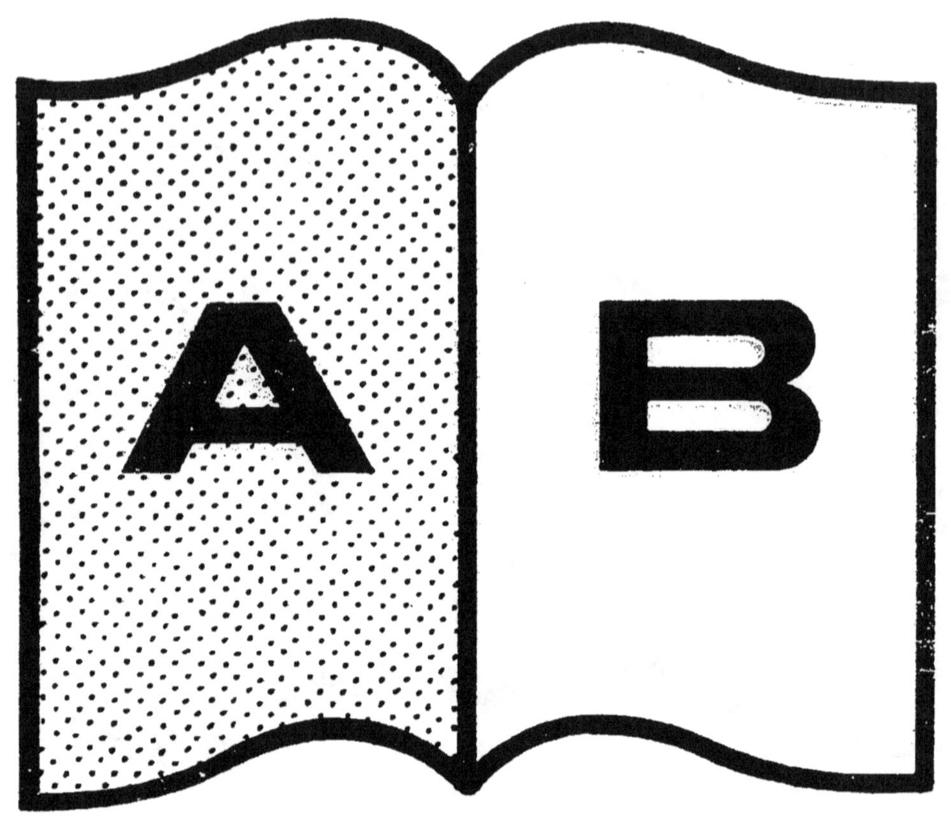

Contraste insuffisant

NF Z 43-120-14

www.ingramcontent.com/pod-product-compliance
Lightning Source LLC
Chambersburg PA
CBHW061353050726

47595CB00005B/2231